구해줘, 글쓰기 ⑩

1차시

미래 먹거리,
우주 산업에 달렸다

2022년 누리호가 성공적으로 우주로 날아오르면서

우리나라는 우주기술 선진국으로 부상했다.

누리호의 성공과 함께 우리나라는 본격적으로 우주 산업에 뛰어들고 있다.

우주 산업의 발전이 어떤 의미를 갖는지 살펴보자.

교과연계 중등 〈과학3〉 Ⅶ. 별과 우주

한국, 우주 개발 역사의 명장면

1958년 | 첫 국산 발사체, 비공개 실험을 하다!

우리나라는 남북한이 대치하는 상황이어서 한국의 우주 개발 역사는 미사일(발사체) 개발의 필요성과 함께 시작됐어. 그래서 1958년, 최초의 국산 미사일 실험이 비공개로 이뤄졌어.

1978년 | '백곰' 미사일 발사, 첫 성공

박정희 전 대통령이 '무기 국산화'를 외치던 시절이야. 국방과학연구소의 주도로 첫 국산 미사일 '백곰'이 만들어졌어. 그러나 1980년 전두환 전 대통령이 쿠데타로 권력을 장악하면서 미국의 눈치를 보느라 발사체 개발을 중단했지.

1979년 | 한·미 미사일지침 체결, 발사체 연구의 족쇄

백곰 미사일 개발은 철저히 비밀리에 진행됐어. 하지만 미국의 압박으로 1979년 탄도미사일 개발 규제에 대한 가이드라인을 담은 한·미 미사일지침이 체결됐는데, 이 지침은 오랫동안 국내 우주발사체 개발을 방해하는 족쇄가 됐어.

1989년 | 한국항공우주연구원 창설

한국의 발사체 개발은 미사일이 중심이었고, 군사적 목적과 관련이 깊었어. 그래서 그동안 국방과학연구소가 전담했지. 그러다 1989년, 항공우주과학 기술에 대한 새로운 탐구를 위해 과학통신기술개발부 산하에 항공우주산업 연구·개발기관인 한국항공우주연구원이 창설됐어.

1993년 | 순수 한국 기술로 만든 첫 인공위성, 우리별 2호

발사체 개발은 더뎠지만, 인공위성 연구는 꾸준히 진행돼 왔어. 순수 국산 기술로 만든 첫 위성은 뭘까? 우리별 2호야.

1999년 | 한·미 미사일지침 1차 개정, 민간용 발사체 개발 가능해져
우리나라는 한·미 미사일지침 개정을 거듭하며 우주발사체의 개발 범위를 확장하게 돼.

2001년 | 미사일기술통제체제 가입, 필요한 부품 수입길 열렸다!
우리나라는 2001년 미사일기술통제체제(MTCR)에 가입했어. MTCR은 1987년 미국이 주도해 만든 국제 조약이야. 이 조약은 우주발사체 및 인공위성 개발에 필요한 부품과 재료를 다른 회원국으로부터 수입할 수 있게 하고, 우리나라의 수입길도 열리게 돼.

2004년 | 발사체 '나로호' 개발, 드디어 시작!
한국은 러시아와 손을 잡고 우주발사체 '나로호'를 공동 제작하기로 했어.

2009년 | 첫 우주발사장, 나로우주센터 완공!
2009년 6월 11일, 드디어 첫 우주발사장 나로우주센터가 완공됐어. 나로우주센터 건립에 투입된 금액은 3,314억 원으로, 러시아와의 기술 협력으로 지어졌어.

2010년 | 정지궤도 위성 천리안 발사, 기상예보 원활해져
2010년 드디어 한국의 첫 정지궤도 위성인 천리안이 발사됐어. 위성 본체 한 개에 기상관측과 해양 관측용 카메라, 통신중계기 3개의 탑재체가 달린 위성이야! 이로써 우리나라는 세계 7번째로 기상관측위성 보유국이 됐어.

2013년 | 두 번의 실패 끝, 나로호 발사 성공!
2004년부터 한국과 러시아 연구진이 달라붙어 열심히 개발했던 나로호는 2009년, 2010년 두 번의 실패를 딛고 마침내 날아오르게 돼. 불굴의 의지로 이룬 결과였어!

2021년 | 한 · 미 미사일지침 완전 폐지
2021년, 한 · 미 미사일지침이 완전히 폐지되어 우리나라는 42년 만에 발사 주권을 확보하게 됐어.

2022년 | 누리호 발사 성공!
누리호의 시작은 2010년으로 거슬러 올라가. 러시아의 도움 없이, 온전히 우리 기술력으로 우주발사체를 만들겠다는 '한국형 발사체' 프로젝트가 이때 시작됐거든. 이를 위해 한국항공우주연구원은 물론 국내 300여 개 기업이 힘을 모았지.
누리호의 성공으로 한국은 자력으로 우주발사체를 쏘아 올린 세계 11번째 국가가 되었고, 1t 이상의 실용 위성을 우주 궤도에 안착시킬 수 있는 7번째 나라가 되었어.

memo

미래 먹거리,
우주 산업에 달렸다

우주 산업의 동력, 누리호

2022년 6월 21일 오후 4시, 누리호가 굉음을 내며 우주로 날아올랐다. 우주센터 관계자들은 날아오른 순간의 기쁨도 잠시, 긴장한 표정이었다. 누리호의 목표는 우주 궤도 700km에 입성해 위성모사체와 성능검증위성을 쏘아올리는 것. 위성모사체는 발사체 성공 여부를 확인하려고 탑재한, 인공위성과 모양과 무게는 같지만 인공위성 역할을 할 수 없는 프라모델(모조품) 같은 것이다. 성능검증위성은 누리호의 위성 발사 성능을 검증하기 위해 개발된 위성이다.

누리호는 발사 13분 만에 목표 궤도에 올라 위성모사체와 성능검증위성을 무사히 분리했으며, 발사 42분 뒤 성능검증위성과 지상국 사이에 양방향 교신을 성공, 목표한 바를 이뤘다. 누리호 발사 성공으로 우리나라는 우주 기술 선진국으로 부상하게 됐다. 발사체 기술을 확보한 나라는 러시아 · 일본 · 프랑스, 그리고 한국이다.

누리호의 성공으로 우리나라가 우주 산업에 본격적으로 뛰어들었다고 말하지만, 어떤 의미인지 잘 다가오지 않을 수 있다. 저 먼 우주에 관한 산업이라니 거리감이 느껴진다. 그러나 알고 보면 우주 산업은 이미 우리 생활에 깊숙이 파고들어, 인류에게 막대한 도움을 주고 있는 분야다.

우주 산업은 우주와 관련한 모든 경제적 활동을 총칭하는데, 크게 세 가지로 분류할 수 있다. 첫째는 인공위성 제조산업, 둘째는 이를 우주 궤도에 띄우는 우주발사체 제조 및 운용산업, 세 번째는 주어진 임무에 따라 위성을 활용하는 위성 서비스 산업이다. 이 중에서 인공위성과 우주발사체를 제조하는 산업은 현대 첨단산업의 집합체로, 초정밀 기계공학은 물론 전자기술·신소재공학 등 각종 과학이 응용되는 분야다.

위성 서비스 산업은 현대 문명을 돌아가게 만드는 '심장'과 다름없다. 위성 관측을 통한 지구의 기상 현상 정보나, GPS 위성에서 보내오는 위치 정보를 얻게 된다. 러시아·우크라이나 전쟁만 봐도 위성 데이터가 얼마나 중요한지 체감할 수 있다. 위성에서 전쟁 지역을 관측하면 상대 군의 규모는 물론, 이동 경로와 소지한 장비의 종류까지 파악할 수 있어 군사적 대응이 쉽고 언론 보도에도 유용하다. 현재 러·우 전쟁을 관측 중인 인공위성 기업 맥사테크놀로지의 CEO 대니엘 잽론스키는 "현재 우리의 위성 영상 공급이 수요를 따라가지 못하고 있다"며 "하루에 보통 200개 이상의 언론사로부터 (우크라이나와 관련된) 위성영상 제공과 관련한 요청이 오고 있다"고 말했다.

4차 산업혁명 시대, 우주 산업에 우리의 미래 달렸다

빅데이터와 인공지능을 활용한 4차 산업혁명이 예고되며, 우주 산업은 더욱 각광받고 있다. 전 세계의 수많은 인공위성을 통해 생산되는 엄청난 양의 지상 사진과 동영상, 초정밀 위치정보와 통신망 같은 위성 데이터들이 빅데이터·인공지능 기술과 만나며 나날이 활용가치가 높아지고 있기 때문이다.

삼성전자는 2022년 5월 '삼성 6G 포럼'을 열어 인공위성을 이용해 통신 불가·지연 지역 없는 초고속 우주통신서비스 6G 기술을 선점하겠다고 나섰다.

미국·유럽·일본·중국·캐나다에선 온실가스 모니터링 인공위성을 통해 빅데이터를 얻고 있다. 이들은 해수면의 온도, 공기의 품질, 대기 중 이산화탄소의 양을 시시각각 관측해 향후 기후 변화로 지표면 식생 상태가 어떻게 바뀔지 예측한다.

또 인공위성 위치정보의 적극 사용으로, 향후 자율주행차·드론·GPS 수신 등의 분야에서 비약적인 발전이 예상된다. 전문가들은 기술 발전이 이어지면 우주 태양 에너지 활용과 소행성 자원 개발 산업, 우주 관광사업까지 새로운 비즈니스의 창출이 예상된다고 설명한다.

이렇듯 우주 산업이 인류의 미래 먹거리로 거듭나자, 산업을 선도하기 위한 각국의 경쟁도 치열해지고 있다. 2021년 우주 궤도에 오른 인공위성은 총 1만 기를 넘어섰다. 우주 산업에 진출하는 국가와 기업은 나날이 늘어, 2020년대 후반에는 매년 발사되는 총 위성 숫자가 3배로 늘어날 것으로 전망된다.

우주 산업의 경제 규모 역시 나날이 커지고 있다. 2020년 세계 우주 경제 규모는 약 4,470억 달러였는데, 2040년경이 되면 적게는 11조 달러, 많게는 27조 달러까지 성장할 것으로 예측된다. OECD는 2021년, 우주 산업이 이미 세계 경제의 중요한 일부분을 구성하고 있다고 평가하고, 독립된 산업 부문으로서 '우주 경제(Space Economy)'의 등장을 공식화했다.

[A] 우주 산업의 중요성을 더 피부로 느끼고 싶다면? 김승조 전 한국항공우주연구원 원장의 말을 들어보자. 그는 우주 산업 시장이 5조 달러가 됐을 때 우리가 시장에서 10% 비중만 차지해도 5,000억 달러, 한화 약 593조 원의 수입을 얻는다며 "국민 소득을 한꺼번에 1만 달러 더 올리는 효과가 난다"고 설명했다. 어떤가. 우주 산업의 발전은 미래 국민 소득을 보장하는 확실한 수단이다. 하루빨리 우주 생태계에 깊숙이 진입해야 하는 이유다.

냉철하게
분석하기

다음의 질문에 답하며 내용을 파악해보세요.

(1) 다음 중 우주 산업에 대한 설명으로 바르지 않은 것은 무엇인가요? (　　)

① 우주와 관련한 모든 경제적 활동을 총칭한다.

② 인공위성을 우주 궤도에 띄우는 우주발사체 제조 및 운용산업이 속한다.

③ 자율주행차 · 드론 · GPS 수신 등의 분야와는 관련이 없는 산업이다.

④ 우주 산업은 과학기술 전반의 발전을 이끈다.

(2) 다음 중 '위성 서비스 산업'에 관한 설명 중 내용과 다른 것은 무엇인가요? (　　)

① 위성 관측으로 지구의 기상 정보를 알려준다.

② GPS 위성으로부터 위치 정보 서비스를 제공한다.

③ 전쟁 지역 관측으로 군사적 대응 및 언론 보도가 용이하다.

④ 현재의 위성 영상 공급은 수요를 충분히 따라가고 있다.

(3) 우주 산업이 인류의 미래 먹거리로 거듭나면서 등장하게 될 독립된 산업 부문을 무엇이라고 하나요?

- -

- -

- -

- -

(4) 우주 산업이 인류의 '미래 먹거리'라고 할 수 있는 이유는 무엇인지 [A]에서 찾아 적
어보세요.

---

(5) 2022년 6월 발사한 누리호의 목표는 무엇인가요?

---

(6) 빅데이터와 인공지능을 활용한 4차 산업혁명에 우주 산업은 어떤 영향을 주게 될까요?

거침없이
쓰기

도전, 짧은 글쓰기!

우주 산업이 인류에게 어떤 미래 먹거리를 제공하며 성장하게 될지 설명해 봅시다.

다음 빈칸에 알맞은 말을 〈보기〉에서 찾아 적어봅시다.

| 보기 | 체감 | 각광 | 선점 | 비약적인 | 선도 | 창출 |

(1) 우리 고향은 최근 관광지로 (　　　　)을 받고 있다.

(2) 좋은 자리의 (　　　　)을 위해 새벽부터 줄을 서서 기다리는 사람들도 있었다.

(3) 이 사업은 적어도 만 명의 고용을 (　　　　)하게 될 것으로 예상된다.

(4) 오늘은 냉기를 동반한 강한 바람 때문에 (　　　　) 온도가 많이 떨어질 것이라고 했다.

(5) 유엔은 세계 평화의 (　　　　) 및 유지에 핵심 세력이 되어 왔다.

(6) 우리나라는 전쟁의 폐허 위에서 (　　　　) 경제 발전을 이루었다.

앞에서 익힌 어휘 중 3개를 골라서 한 문장씩 만들어 봅시다.

(1)

(2)

(3)

누리호 날아오르다
– 독자적으로 설계 · 제작 · 발사

2021년 10월 21일 오후 5시, 누리호가 나로우주센터 제2발사대에서 이륙했다. 길이 47.2m(아파트 16층 높이), 무게 200t의 누리호는 대한민국 최초의 저궤도 실용위성 발사용 로켓이다.

누리호의 발사 성공은 대단한 성과라고 할 수 있다. 무엇보다 엔진에 필요한 핵심 기술, 엔진 클러스터링 기술을 독자적으로 개발 · 확보했다는 데 의미가 깊다. 클러스터링 기술은 엔진 여러 개를 묶어 추력을 얻는 방식으로, 전체 엔진의 성능을 높이고 여러 엔진 중 하나가 고장나더라도 추력이 떨어지지 않고 임무를 완수할 수 있다는 장점이 있다.

이밖에도 누리호는 연료와 산화제를 싣는 탱크, 발사대까지 우리 기술로 제작했다. 이 점에서 2014년 1월 발사한 나로호와 비교된다. 나로호는 러시아에서 1단 엔진을 구매해 장착하고 러시아의 발사대를 빌려 쏘았다.

특히 누리호는 우리가 독자적으로 만든 우주발사체다. 우주발사체는 탑재물을 지구 표면으로부터 우주 공간으로 옮기는 데 사용되는 로켓을 말한다. 이 발사체와 대륙간탄도미사일은 추진방식, 구조, 단 분리 등 대부분의 기술이 일치한다. 그래서 오늘날 발사체와 미사일 등에 대한 기술 이전은 미사일기술통제체제(MTCR)와 국제무기거래규정(ITAR)에 의해 엄격하게 금지돼 있다. 현재까지 순수하게 자력으로 발사체를 개발한 국가는 러시아 · 일본 · 프랑스에 이어 우리나라가 네 번째다.

한국판 'NASA' 생길까?

누리호 발사는 여기서 멈추지 않는다. 2022년 6월 2차 발사가 성공했고, 앞으로도 약 2년 간격으로 세 차례 더 발사 계획이 확정돼 있다. 누리호를 업그레이드시킨 '개량형 한국형 발사체'와 2023년 달 탐사선 개발까지 다른 계획 또한 줄줄이 잡혀 있다.

그러자 이제 우주 개발 계획을 꾸준하게 수립·시행될 수 있도록 체계를 세워야 한다는 목소리가 나오고 있다. 미국 항공우주청(NASA)과 같이 전문성과 연속성을 가지고 우주 산업을 이끌어갈 조직이 필요하다는 뜻이다. 현재 우주 개발 계획은 과학기술정보통신부(과기부) 산하 우주 개발 부서가 전담하고 있는데, 정권이 바뀔 때마다 부서명과 예산 규모가 바뀌며 일관성 있게 계획을 실현하기 어려웠기 때문이다.

하지만 이러한 계획을 현실에 옮기기까지는 갈 길이 멀어 보인다. 2022년 10월 1일 국회에서 열린 과기부 국정감사에서 우주개발 전담 조직이 필요하다고 생각하냐는 질문에 대해 임혜숙 과기부 장관은 "필요성에 대해서는 공감하지만 정부의 조직 개편은 신중해야 한다"고 답했다. 과기부 관계자는 "우주개발 정책 전문가가 부족한 상황에서 우주청을 설립한다는 건 비현실적"이라고 평했다.

우주청 설립 논의 이전에 우주개발과 관련한 계획과 조직, 시스템을 내실있게 다져야 할 필요가 있어 보인다.

memo

2차시

도로 위의 무법자 공유 전동킥보드, 규제가 필요하다

가까운 거리를 빠르게 이동할 수 있는 전동킥보드가 인기다.

하지만 안전 문제를 비롯해서 여러 가지 부작용이 속속 등장하고 있다.

공유 전동킥보드가 진정한 '도시의 발'로 거듭나기 위해

갖춰야 할 것들이 무엇인지 알아보았다.

교과연계 중등 〈도덕1〉 Ⅲ. 사회 · 공동체와의 관계

공유경제,
'신뢰'를 바탕으로 자라는 나무

몇 년 전부터 공유경제에 대한 사회적 관심이 높아졌는데요, 공유경제는 서로 빌려주고 빌려 쓰고, 나눠주고 나눠 쓰는 경제활동을 말합니다. 위키피디아에서는 공유경제를 이렇게 설명하고 있습니다. "개인이나 단체, 기업이 갖고 있는 물건, 정보, 시간, 공간, 재능 등의 자원을 다른 사람들이 사용할 수 있도록 개방하는 경제적, 사회적 시스템을 의미한다."

이 개념을 처음 사용한 로렌스 레식 교수에 따르면 한 번 생산된 제품을 여러 사람이 공유해서 사용하면, 즉 다른 사람들과 나눌수록 재화의 가치가 커진다고 합니다. 사실 전혀 새로운 개념은 아닙니다. 우리도 예로부터 물건을 교환하고 빌려 써왔으니까요. 한국 전통문화인 품앗이는 이런 공유경제의 맥락에 있습니다.

공유경제가 다시 주목받기 시작한 것은 2000년대 중반 IT 기술발전과 더불어 스마트폰과 소셜미디어(SNS)가 등장하면서부터입니다. 언제 어디서든 정보나 지식의 교환과 공유가 가능해지면서 공유경제가 급속히 확산됐습니다. 또한 전 세계적으로 경제가 저성장 국면에 접어든 것도 공유경제를 활성화시키는 데 한몫을 했습니다.

에어비앤비와 우버

공유경제라는 개념은 뭔가 어려워 보입니다만, 실생활에서 공유경제를 애용하는 사례가 이미 많습니다. 공유경제라는 개념을 일반인들에게 알린 서비스는 '에어비앤비'와 '우버'입니다. 에어비앤비는 빈방을 이용한 숙박서비스이고 우버는 차량공유 서비스인데요, 이들은 창립 초기에 '소유한 재산을 공유함으로써 자원의 낭비를 막자'는 것을 목적으로 삼았다고 밝혔습니다.

현재 공유경제는 시대적인 흐름이라고 볼 수 있어요. 공유경제 시장은 미국과 유럽을 중심으로 급성장 중이고, 매출도 계속 확대되고 있습니다. 일인가구가 증가하고, 합리적 소비에 대한 요구가 커지면서 소비 방식이 '소유'에서 '공유'로 변하고 있기 때문입니다. 우리나라의 경우 다른 나라에 비해서 공유경제 시장은 크지 않지만, 20~30대의 참여도 (55%)가 높고, 40대 이상의 관심도 커져가고 있기 때문에 앞으로 수요가 더 늘어날 것으로 전망되고 있어요.

경제적인 관점에서 보았을 때 공유경제는 단순한 소비 변화를 넘어서 새로운 혁신적인 성장을 이끌어낼 미래 서비스 사업이 될 것이라는 전망이 나오고 있습니다.

공유경제와 관련해 우리가 잊지 않아야 할 것이 하나 있습니다. 공유경제의 핵심이 신뢰라는 사실입니다. 서로의 것을 나누는데 신뢰가 없다면 공유경제는 성립할 수 없습니다. 공유 서비스들이 자꾸 논란이 되는 이유도 이와 관련이 깊습니다.

자신의 것을 빌려주고, 남의 것을 사용하면서 생기는 거부감은 신뢰가 뒷받침될 때만 홀연히 사라질 수 있습니다. 이러한 신뢰가 공유경제의 다양한 이점을 많은 이들이 누릴 수 있도록 해주는 기둥이라는 사실을 잊지 말아야 합니다.

도로 위의 무법자 공유 전동킥보드, 규제가 필요하다

공유 전동킥보드를 이용하는 사람을 자주 만날 수 있는데요, 어플을 활용해 손쉽게 빌릴 수 있고 가까운 거리를 빠르게 이동할 수 있기 때문입니다. 대여가 편리한 지역을 '킥세권' 으로 부를 정도로 인기가 높습니다. 그러나 안전 문제 등 부작용도 만만치 않아서 이를 지적하는 목소리가 점점 커지고 있어요. 공유 전동 킥보드가 진정한 '도시의 발'로 거듭나기 위해 갖춰야 할 것들은 무엇인지 알아보겠습니다.

아무 곳에나 방치된 공유 킥보드

우선 공유 전동킥보드의 주차 문제가 심각합니다. 전동킥보드는 특정 장소·시간에 반납해야 하는 공유자전거와 달리, 이용자가 장소를 가리지 않고 아무 때나 반납할 수 있는데, 주차 제한 구역이 따로 없어서 제멋대로 주차하는 경우가 많아요. 보행자 도로 한가운데나 차도 한가운데뿐만 아니라 건널목 앞 등 기상천외한 장소에 마음대로 세워두는 것은 물론, 시각장애인을 위한 점자블록 옆에 세워두는 경우도 있어요.

그런데 대부분의 업체들이 새벽에 전동킥보드를 수거하기 때문에, 그 외의 시간에는 계속 방치된 채 통행에 방해되는 등 문제가 생기고 있어요. 하지만 다른 곳으로 옮기기도 쉽지 않아요. 무게가 상당할 뿐만 아니라 함부로 움직이면 경고음이 울리기 때문이에요.

민원이 심해지자 업체에서 앱을 통해 신고하면 두 시간 안에 수거하는 서비스를 시작했지만, 실효성이 별로 없어요. 스마트폰에 앱을 깔아야 하고, 신고를 해도 수거하는 데까지 시간이 걸립니다.

[A] 현재 공유 전동킥보드 사업은 정부나 지자체의 인허가 및 등록 사업이 아니에요. 자치구가 자체적으로 관리하는 곳도 있지만 대개는 업체가 자율적으로 수거하도록 돼 있어요. 개인 사업인 공유 전동킥보드가 공공의 도로를 침범하고 시민 불편을 초래하고 있는 셈입니다. 개선책이 시급한 상황이에요.

지자체, 대책을 모색하다

서울시의 경우 전동킥보드 견인 제도를 강화하고 있습니다. 구역을 지정해서 일정 시간(60분)이 지나면 불법 주차한 전동킥보드를 자동차처럼 견인해 가는 방식이에요. 또한 반납 금지 구역을 설정해서 아무 데나 세워 두지 못하게 했습니다. 대신 전용 주차 공간을 조성해서 한곳에 모이게 했어요. 이용자 책임도 강화해서 상습 주차 위반자의 일정 기간 이용을 막습니다. 이러한 노력들은 모두 시민 불편을 최소화하고 혼잡을 막는 데 초점이 맞춰져 있어요.

해외에서도 이와 비슷한 노력을 찾아볼 수 있습니다. 미국 샌프란시스코 등지에서는 불법 주정차를 막는 잠금장치를 설치하고 서비스 제공 업체의 전동킥보드 보유량을 제한해요. 업체의 의무를 강화해서 사용자에게 올바른 기기 사용법을 교육시키도록 합니다. 또한 불법 주행 및 주정차 위반자에게는 사업자가 직접 이용자에게 책임을 물을 수 있게 했어요. 이러한 조치 덕분에 관련 민원이 많이 줄어들었다고 합니다.

실효성 있는 안전 대책도 필요해

지자체 규제와 더불어 안전 대책도 필요합니다. 도로교통법이 개정되기 전까지 전동킥보드는 면허 없이도 만 13세 이상이면 누구나 사용할 수 있었어요. 자격 조건이 따로 없다 보니 운전이 미숙한 사람도, 심지어 술에 취한 상태에서 사용하는 일이 빈번했습니다. 실제로 혈중 알코올 농도가 자동차 면허 취소 수준인 상태에서 킥보드를 운전하다가 적발된 사례가 많았어요. 그만큼 사고도 끊이지 않았어요. 늘어난 전동킥보드 관련 사망 사고가 예고된 인재(人災)라는 지적이 나왔던 이유입니다.

당시는 전동킥보드 같은 퍼스널 모빌리티(PM)를 자전거에 가까운 원동기로 보고 오토바이처럼 헬멧 착용을 의무화하는 대신 권고에 그쳤습니다. 처벌 규정이 없다 보니 사업체에서 헬멧 등 보호 장비를 따로 제공하지도 않았어요.

그러자 국회가 법을 바꾸어 안전모 착용을 필수로 하고 만 16세 이상 기준 '제2종 원동기면허' 이상 운전면허증 보유자만 운행이 가능하게끔 규정합니다. 음주운전 및 보행로·인도 주행도 금지되지요.

문제는 그럼에도 사고는 줄지 않고 있다는 거예요. 왜 그럴까요?

사람들이 안전 수칙을 잘 지키지 않는 데다 단속도 제대로 이루어지지 않기 때문입니다. 현행법상 전동킥보드 이용자는 시속 25㎞ 이하로 달려야 합니다. 하지만 자동차처럼 블랙박스가 있거나 CCTV로 번호판을 조회할 수 있는 것도 아니라서, 질주하는 전동킥보드를 단속할 방법이 없다고 해요.

자전거도로망 정비도 급선무입니다. 국내 자전거도로는 교통 선진국에 비해 열악한 수준이에요. 여기에 전동킥보드가 가세하면서 심각한 교통 문제를 초래할 수 있기 때문입니다. 이처럼 단속만으로는 한계가 있으니 실효성 있는 대책이 필요하다는 지적이 많아지고 있습니다.

코로나 시대, 엇갈리는 공유경제

해마다 공유경제가 성장하고 있습니다. 경기가 어려운 상황에서 '소유'가 아닌 '공유'로 경제활동의 중심이 옮겨가고 있기 때문이에요. 실제로 MZ세대는 물건을 함께 쓰는 일에 익숙합니다. 그러나 코로나19 사태가 이러한 공유경제에 큰 영향을 미칩니다. 다른 사람이 사용한 공간에 머물거나 차량·물건을 함께 쓰는 데 대한 이른바 '공유 거부감'이 커지면서 업종마다 희비가 엇갈려요.

코로나19로 어려워진 업종이 있는가 하면 특수를 누리는 업종도 생깁니다. 여행·휴가·모임 등과 관련한 산업이 위축됐어요. 대표적인 것이 에어비앤비(AIRBNB)나 우버(UBER), 위워크(WEWORK) 등 공유경제계의 '큰형'들입니다.

한편 자원을 나눠 쓰면서도 공유경제의 핵심 중 하나인 '접촉'을 극복할 대안을 찾은 기업들은 승승장구합니다. 공유킥보드나 공유자전거 등이 대표적이에요. '언택트 시대'에 사람이 많이 몰리는 대중교통을 피할 수 있는 대안으로 각광받습니다.

퍼스널 모빌리티(Personal Mobility, PB) : 전기를 동력으로 하는 개인형 이동 수단으로 전동 휠, 전동킥보드, 전기 자전거, 초소형 전기차 등이 포함된다.

MZ세대 : 1980년부터 2004년생까지를 일컫는 밀레니얼(M) 세대와 1995년부터 2004년 출생자를 뜻하는 Z세대를 합쳐 일컫는 말

위워크(WEWORK) : 2010년에 창립된 미국의 공유 오피스 스타트업. 건물을 빌리고 사무실을 공유해서 쓸 입주자들을 모아 재임대하면서 수익을 얻는다. 코로나로 기업들이 회사 출근 대신 재택근무를 늘리면서 타격을 받고 있다.

냉철하게
분석하기

다음의 질문에 답을 하며 내용을 파악해보세요.

(1) 다음 중 글의 내용과 일치하지 않는 것은 무엇인가요? (　　)

① 전동킥보드 이용자가 많고 대여가 편리한 지역을 '킥세권'이라고 부른다.

② 공유 전동킥보드 수 증가에 비례해 '반킥보드'성 민원도 증가하고 있다.

③ 전동킥보드는 주차 제한 구역이 따로 있지만 아무 데나 주차하는 경우가 많아 문제다.

④ 전동킥보드는 차도와 자전거 전용 도로에서만 달릴 수 있다.

(2) 다음 중 전동킥보드를 운행할 때 드러난 문제점으로 적절하지 않은 내용은 무엇인가요? (　　)

① 인도를 달리는 전동킥보드가 너무나 많다는 점

② 전동킥보드 대여에 면허가 필요 없거나 나이 제한이 따로 없다는 점

③ 전동킥보드 운행 시 음주단속을 한다는 점

④ 헬멧 착용을 권고하지만 오토바이와 달리 별도의 처벌 규정이 없다는 점

(3) 전동킥보드가 공공의 도로를 침범하고 시민의 불편을 초래하고 있지만 관리가 어려운 이유를 [A]에서 찾아 적어보세요.

- -

- -

- -

- -

(4) 전동킥보드 관련 민원에 대해 지자체가 모색하고 있는 대책은 무엇인가요?

- -

- -

(5) 다음 빈칸에 들어갈 알맞은 단어를 〈보기〉에서 찾아 넣어보세요.

〈보기〉 공유   접촉   대중교통   소유   거부감

① 공유경제는 '(   )'가 아닌 '(   )'로 경제활동의 중심이 옮겨가는 흐름을 타고 성장
했으나, 코로나 바이러스 확산으로 '공유 (   )'이 발생하며, 업종마다 희비가 걸갈리는 상
황이다.

② 코로나19 시대에 (   )을 극복하기 위해 공유킥보드나 공유자전거 등이 각광받으며
(   )을 피할 수 있는 대안으로 떠올랐다.

(6) 전동킥보드와 같은 퍼스널 모빌리티에 대한 안전 대책으로 국회가 바꾼 법의 내용을
요약해 보세요.

- -

- -

(7) 도로교통법이 개정돼도 전동킥보드 관련 사고가 줄지 않는 이유 두 가지를 설명해 보세요.

- -

- -

도전, 짧은 글쓰기!

전동킥보드 운행에 따른 문제점이 무엇인지 지적하고, 이를 효과적으로 규제하기 위한 방안을 제시해봅시다.

든든하게
어휘다지기

다음 빈칸에 알맞은 말을 〈보기〉에서 찾아 적어봅시다.

|보기| 거듭나다   기상천외   실효성   권고   초래   희비   위축   승승장구

(1) (   )한 그들의 행적은 하나의 신화로 남았다.

(2) 나는 주위 사람들의 (   )로 그 모임에 나가게 되었다.

(3) 무리한 공사 기간 단축이 부실화를 (   )했다.

(4) 합격자 발표장에서는 그야말로 (   )가 엇갈렸다.

(5) 오래된 공장이 예술가들의 작업 공간으로(   ).

(6) 적군이 (   )의 기세로 진격을 해 왔다.

(7) 이 제도의 (   ) 여부를 놓고 양측의 공방이 계속되고 있다.

(8) 우리는 그의 당당한 태도에 (   )되었다.

앞에서 익힌 어휘 중 3개를 골라서 한 문장씩 만들어 봅시다.

(1)

(2)

(3)

우버,
혁신일까, 불법일까

우버는 샌프란시스코에서 탄생한 운송 네트워크 회사로 우버에 고용되거나 등록된 차량의 운전기사와 승객을 앱을 통해 연결하는 서비스를 제공한다. 대표적인 잉여자원인 차량을 이용한다는 점에서 우버의 서비스는 공유경제의 대표적인 모델로 꼽힌다. 또한 모바일로 예약을 하고, 예약된 차량의 위치를 실시간으로 확인할 수 있고, 결제 또한 모바일로 할 수 있다는 편의성은 사용자들에게 큰 매력으로 다가왔고, 초기에 리무진을 제공하는 등 고급화 서비스로 가장 성공적인 공유경제 기업 모델로 자리 잡았다. 2022년 기준 우버는 전 세계 72개국 1만 개 이상의 도시에서 사업을 펼치고 있다.

그러나 우버의 서비스가 확장될수록 우버를 바라보는 시선이 곱지만은 않다. 가장 큰 이유는 기존 시장의 질서를 파괴할 우려가 크기 때문이다. 특히 택시업계와의 갈등이 가장 크다.

택시업계 입장에서는 우버가 합법적으로 면허를 취득한 택시 기사들의 수익을 침해하는 불법 서비스나 다름없다. 2013년 8월 우버 코리아가 서울에서 사업을 개시했을 당시에도 서울개인택시운송조합은 우버를 향해 '불법유상운송행위'라며 철퇴를 요구했다. 2014년 11월에는 서울광장에서 '택시 생존권을 위한 사수궐기대회'를 갖기도 했다. 서울시는 결국 택시 기사들의 손을 들어주었다. 우버가 현행법을 위반하고 있는 점, 운전기사 신분이 불확실해 이용자의 안전을 담보할 수 없고, 교통사고 발생 시 보험 보장이 불확실하다는 점을 들어 영업 행위 차단에 나선 것이다.

우버 논란은 다른 나라에서도 마찬가지다. 런던과 파리, 베를린, 마드리드, 밀라노 등 유럽 주요 도시에서도 택시 기사들의 시위가 있었다. 독일, 네덜란드는 '우버 영업 금지' 판결을 내렸다. 또 우버와 대혼란을 뜻하는 아마겟돈의 합성어인 '우버겟돈(Ubergeddon)' 이라는 신조어가 생길 정도로 우버는 세계 곳곳에서 뜨거운 감자다.

그러나 한편에서는 우버가 사회제도의 불균형을 해소할 수 있다고 주장한다. 특히 대도시나 택시가 대중교통의 일부인 나라일수록 우버를 도입해 택시 서비스를 개선해야 한다는 목소리가 나온다. 한국의 경우 과속이나 합승, 승차거부 등의 불법영업 문제로 택시 서비스는 불친절하다는 인상이 강하다. 택시가 잡히지 않는 곳에서의 불편도 있다. 그렇다고 모범택시를 이용하기엔 가격이 부담된다. 그런 측면에서 소비자들에게는 우버가 대안이 되고, 택시업계로서는 서비스 품질을 향상시킬 계기로 작용할 수 있다는 것이다. 또 우버에 등록된 기사들 입장에선 잉여자원으로 경제활동을 하게 해준다는 장점도 있다.

우버 논란은 공유경제의 논란으로도 이어진다. 공유경제의 취지는 사회적으로 인정하지만 과연 시장 질서를 파괴하지 않는 공유경제가 가능할 것인가가 핵심이다. 물론 이 잣대를 들이대자면 다른 공유경제 서비스들도 쉽게 피해 갈 수 없을 테지만.

memo

예술

3차시

정기용,
윤리적 건축가,
감응의 건축가

건축가 정기용의 삶과 작업에 대해 읽으면서

건축가는 무엇을 하는 사람인지,

건축이란 무엇인지 잠시 생각해보자.

교과연계 중등 〈미술1〉 III. 공간표현

정기용,
윤리적 건축가,
감응의 건축가

건축가 정기용은 1945년 충청북도 영동에서 태어났다. 청소년기의 그에 대해선 알려진 바가 적은데, 중학교 졸업 후 검정고시를 봤다는 정도만 분명히 알 수 있을 뿐이다. 그는 1964년 서울대 미술대학 응용미술과와 동 대학원 공예과를 거쳤으며, 1971년 프랑스 정부 초청 장학생으로 선발돼 파리에서 실내건축과 도시계획 등을 공부했다. 유학은 미술에 대한 그의 열정이 건축을 향한 고민으로 바뀌게 된 계기였다.

이후 건축사사무소 '기용건축'을 설립했으며, 서울대·한양대 등의 건축학과에서 후학 양성에 힘쓰는 한편, 건축 설계에 대한 책을 여러 권 집필했다. 그의 가장 도드라진 업적은 공공 프로젝트다. 특히 무주 공공프로젝트와 MBC 느낌표 '기적의 도서관'이 유명하다. 그의 발자취가 남은 무주 공공 프로젝트를 살펴보자.

그가 무주로 간 이유

정기용을 기억하는 첫 번째 키워드는 지방의 작은 소도시, 무주다. 그는 1996년부터 2006년까지 10여 년간 무주 곳곳에서 30여 개의 크고 작은 변화들을 시도했다. 특히 안성

면을 중심으로 한 공공건축 프로젝트는 건축이 무엇을 할 수 있으며, 또한 무엇을 해야 하는지에 대한 그의 생각들이 담겨 있다. 그의 주요 건축 프로젝트 연보를 곱씹건대 지방에 대한 애정이 각별해진 것도 무주의 작업들을 통해서다.

하지만 정기용이 처음부터 무주에서 공공프로젝트를 진행하려고 계획한 것은 아니었다.

국토기행을 하려고 떠났다가 우연히 주위의 산세에 아늑하게 감싸인 채 자리 잡은 안성면 땅을 보았고, 좋은 기운에 호감을 느껴 인연이 시작됐다. 정기용은, 자신들의 삶의 터전을 지키려 애쓰는 안성면 청년들, 무주 군민들의 소통을 위한 공공건축을 희망한 군수와 만나면서 이 인연을 계속 이어갔다. 우연이 운명이 된 셈이다.

ⓐ"문제도 이 땅에 있고 그 해법도 이 땅에 사는 사람들에 있다."

2010년에 일민미술관에서 열린 전시 개관 강연에서 정기용이 칠판에 적은 문장이다. 그는 건축이 모든 문제를 해결할 수 있는 것은 아님을 잘 알고 있었다. 모든 이들의 요구를 수용할 수도 없으며, 건축이란 지금은 만족스럽더라도 시간이 흐르면서 불편해질 수도 있으니까.

그럼에도 정기용은 최소한 지금 있는 우리 건축의 문제는, 우리가 고민하고 제대로 보아야만 해결할 수 있다고 강조한다. 우리나라, 우리 풍토, 우리 정서를 잘 아는 우리 건축가가 우리 건축의 문제를 제대로 보아야 해법 또한 자연스럽게 내놓을 수 있다는 의미다.

그렇다면 전통과 현대, 개발과 보존의 중간 지점에서 헤매고 있는 농촌의 건축은 어때야 하는 걸까? 그가 무주에서 했던 공공건축 프로젝트는 그 해법을 찾기 위한 치열한 몸부림이었을지 모른다.

건축가는 무엇을 해야 하는가

"건축가로서 내가 한 일은 원래 거기 있던 사람들의 요구를 공간으로 번역한 것이다."

정기용은 교감하는 건축가다. 그는 땅과 교감하고 나무와 교감하며, 사람 또는 그들의 미래와 교감할 줄 안다. 그가 건축 설계에서 무엇보다 우선하는 것은 실제로 건물을 이용할 사람들을 만나서 이야기를 나누는 일이다. 어떤 건물이 되면 좋을지, 그곳에서 어떤 삶을 살고 싶은지, 묻고 또 묻는다. 본격적으로 설계의 얼개를 짜는 일은 그 다음이다.

"다수를 위한 좋은 건축, 좋은 공간을 만들어내는 것을 '건축의 민주화'라 부르고 싶다. 사회적 조절자로서의 건축가란 바로 이런 역할을 수행할 능력을 갖춘 건축가를 의미한다."

정기용이 무주 프로젝트에서 중점적으로 살폈던 부분은 크게 세 가지다. 자연, 사람, 시간.

그는 농촌의 모습을 훼손하지 않으면서도 편리하게 이용할 수 있도록 농민을 설득해 마을회관을 흙으로 지었다. 또한 목욕을 하려면 봉고차를 대절해서 시내로 나가야 하는 마을 사람들을 위해 면사무소에 목욕탕을 들여놓았다.

무주 등나무운동장을 보면 자연과 사람의 가치를 소중하게 생각하는 그의 철학을 알 수 있다. 관중석을 뒤덮은 등나무에 꽃이 피는 5월이 오면, 등나무운동장에선 사람과 자연과 건축이 하나가 된다. 정기용은 이 운동장을 지으며 진정한 건축은 시간이 지남에 따라 인간과 자연이 동화될 때 비로소 완성된다는 것을 깨달았다.

이처럼 그의 건축은 자연과 사람이 진정으로 화해하는 하나의 과정이기도 하다. 자연을 해치지 않으며, 사람을 향하고, 그들의 삶에 진지하게 다가갈 때 비로소 건축은 참된 의미를 갖게 되는 것이다. 그리하여 정기용의 건축은, '우와'하는 탄성을 내지르게 하지는 않지만 은근하고 따뜻하게 마음을 매만지는 수수한 매력이 있다.

그가 스스로를 '감응(感應)의 건축가'라 이름 짓고, 공공건축의 핵심 키워드로 '감응'을 택한 이유가 무엇인지 어렴풋이 짐작이 간다.

꿈을 짓는 사나이

사람을 향하는 그의 걸음은 무주를 떠나서도 여전히 유효하다. 정기용을 기억하는 두 번째 키워드, '기적의 도서관'이 그렇듯.

"우리나라에 세계적으로 유명한 건축가나 위대한 건축가는 두세 명이면 족하다. 우리에게 필요한 것은 시민을 위한, 그리고 사회를 위한 건축에 제대로 답해주는 건축가이다."

《건축가가 말하는 건축가》의 일부다. 그에게 공공건축은 평생의 숙명이었고, 끊임없이 고민하고 해결해야 할 커다란 숙제였다. 공공건축은 사람과 더불어 힘을 얻는 일이자 동시에 문화적인 일이다. 건축 그 자체가 하나의 문화적 지표가 되기도 하고, 건축을 통해 삶이 문화로 전환되기도 한다. 때문에 그는 공공건축이란 관공서나 건축가가 단독으로 하는 것이 아니라 그 주변에 사는 사람들, 그곳을 이용하는 사람들의 삶과 문화를 포괄해야 한다고 말한다. 사회를 반영하지 않는 건축은 초가집들 가운데 들어선 고층 빌딩이나 도시 한복판에 자리한 움집마냥 뜬금없고 어리석을 것이다. 그런 의미에서 정기용의 기적의 도서관 프로젝트는 훌륭한 공공건축의 답안이다.

기적의 도서관이 처음 지어지기 시작한 것은, 지금은 사라지고 없는 MBC 예능프로그램 〈느낌표〉의 한 코너 '책책책 책을 읽읍시다'를 통해서였다. 아이들을 위한 좋은 도서관 하나 짓겠다고 각계각층의 사람들이 모여들었고, 그들의 지혜는 사회적 이슈를 낳으며 독서에 대한 전 국민적 관심을 환기시켰다. 그리고 하나의 건축과 그 미래에 대한 진지한 고민들이 쌓여 '순천 기적의 도서관'이 처음 그 모습을 드러냈다. 그야말로 '기적'이었다. 전국 곳곳에 잇따라 지어진 도서관에는 책을 읽고 꿈을 키우는 아이들이 날마다 늘어갔다. 그리고 꼭 그만큼, 공공건축의 희망적 미래에 대한 그의 꿈도 커졌으리라.

이후 정기용은 서귀포·제주·진해·김해·정읍의 기적의 도서관 작업에도 동참했다. 때론 커다란 나무를 자르는 대신 건물을 둥글게 만들기도 했고, 아이들이 놀면서 공부할 수 있도록 곳곳에 숨은 공간들을 마련했다. '좋은' 건축이 사람들의 미래를 바꿀 수 있다고 믿는 건축가의 손에서 탄생한 배려와 꿈의 공간은 그렇게 지금껏 많은 이들의 사랑을 받고 있다.

냉철하게
분석하기

다음의 질문에 답하며 내용을 파악해보세요.

(1) 다음의 내용 중 건축가 '정기용'에 대한 설명으로 올바르지 않은 것을 고르세요. (   )

　① 파리에서 실내건축과 도시계획 등을 공부했다.

　② 그는 여러 공공 프로젝트에 참여했다.

　③ 유복한 청소년기를 보냈으며, 응용미술을 공부하기 위해 프랑스 유학을 다녀왔다.

　④ 무주 공공프로젝트와 '기적의 도서관' 짓기에 참여했다.

(2) 정기용이 무주에서 공공프로젝트를 진행하게 된 계기는 무엇인가요?

- -

- -

- -

(3) 밑줄 친 ⓐ에서 건축에 대한 정기용의 생각은 어떠한지 설명해 보세요.

- -

- -

- -

- -

(4) 다음 〈보기〉는 정기용이 생각하는 우리 건축이 지향해야 할 점입니다. 빈칸에 알맞은 단어를 찾아 넣어보세요.

> 〈보기〉 우리 건축의 문제는 우리가 고민하고 제대로 보아야만 해결할 수 있으며, 우리나라, 우리 (   ), 우리 (   )를 잘 아는 우리 건축가가 문제를 제대로 보아야 해법도 제안할 수 있다.

(5) 그가 말하는 '건축의 민주화'란 무엇을 두고 한 말일까요?

(6) 정기용이 무주 프로젝트에서 중점적으로 살폈던 부분은 무엇인가요?

(7) 정기용이 무주에서 건축가로서 보여준 면모에 해당하지 않는 것을 고르세요. (   )

① 마을 학생들을 위해 '기적의 도서관'을 만들었다.

② 농촌의 모습을 훼손하지 않기 위해 마을회관을 흙으로 지었다.

③ 마을 사람들을 위해 면사무소에 목욕탕을 들였다.

④ 등나무운동장을 만들어 인간과 자연의 동화를 추구했다.

(8) 다음 중 '공공건축'에 대한 설명 중 글의 내용과 일치하지 않는 것을 고르세요. (   )

① 건축 자체가 하나의 문화적 지표가 된다.

② 건축을 통해 삶이 문화로 전환되기도 한다.

③ 관공서나 건축가만 할 일이 아니며, 이용자의 삶과 문화를 포괄해야 한다.

④ 사회를 반영하여 고층 빌딩이 가득한 도시 한복판에도 초가집을 들여놓을 수 있다.

memo

거침없이 쓰기

도전, 짧은 글쓰기!

　건축가 정기용이 무주의 안성면에 각별한 애정을 보인 이유는 무엇인가요? 건축에 대한 그의 철학을 알 수 있는 대목을 찾아보고, 가장 공감했던 부분을 중심으로 자신의 생각을 펼쳐봅시다.

든든하게
어휘다지기

다음 빈칸에 알맞은 말을 〈보기〉에서 찾아 적어봅시다.

| 보기 |　　연보　　각별　　치열하다　　얼개　　동화　　감응　　어렴풋이

(1) 쏟아지는 눈 사이로 (　　　　) 사람의 윤곽이 보였다.

(2) 원만한 사회생활을 위해선 주변 사람들과의 (　　　　)가 필요하다.

(3) 벽에 걸린 그림을 보다가 기묘한 (　　　　)을 느꼈다.

(4) 축구 경기를 하는 두 방송사 간에 시청률 경쟁이 (　　　　).

(5) 그는 사진에 대한 관심이 (　　　　)하였다.

(6) 저자의 (　　　　)를 책 마지막에 실었다.

(7) 그의 머릿속에 사건의 (　　　　)가 어렴풋이 드러나기 시작했다.

위에서 익힌 어휘 중 3개를 골라서 한 문장씩 만들어 봅시다.

(1)

(2)

(3)

공공 인프라 구축, 아파트에 사는 개인에게 떠넘기다

한국의 아파트는 괴물이 되어가고 있다

아파트 가구 수가 1,000만을 돌파하고, 주거지 가운데 아파트 비중이 60%를 돌파한 이유는 그만큼 아파트가 살기 편안해서다. 아파트 덕에 국민 대다수가 깔끔하고 안락한 주거 환경을 누리게 됐으니 아파트는 참 고마운 건축물이다. 그런데 정말 그럴까?

아파트의 이점은 많지만 사실 아파트 문화 때문에 우리도 안으로는 곪고 있다. 어느 지역 어떤 브랜드의 아파트, 몇 평 대에 사는지 무심한 척하면서 촉각을 곤두세운다. "당신이 사는 곳이 당신이 누구인지를 말해줍니다"라는 아파트 광고 카피가 몇 년 동안 화제에 올랐다.

비슷한 지역의 비슷한 평형대라도 아파트 브랜드에 따라 값이 달라지는 게 당연한 걸까? 어느 곳에 어느 브랜드 아파트에 사느냐에 따라 경제적 수준이 투명하게 드러나는 것, 이를 당연한 듯 광고 카피로 쓰는 이 발상은 속물적 상업주의를 여과 없이 노출하고 있다.

한국에서 아파트는 단순히 주거 양식을 의미하지 않는다. 한국의 아파트는 "사는(Living) 곳이 아니라 사는(Buying) 것"(《아파트 한국사회》)이며, 아파트 브랜드와 평수로 사람들을 철저하게 서열화하는 무서운 괴물이다. 또한 집 한 칸 얻느라 평생 빚더미 위에 사는 하우스푸어가 부지기수다. 결혼 적령기의 청춘들은 높은 집값 탓에 결혼을 포기할 정도이고, 아파트가 주거문화를 획일적으로 만드는 한편 전통적 삶의 터전을 잃게 만들었고 도시 미관을 건조하게 했다는 비판은 오히려 순진하게 들릴 정도다.

공공 인프라 구축, 개인에게 떠넘기다

우리가 잘 모르고 있지만, 주거 양식으로서 아파트 문화의 문제 중 하나는 공공 인프라 구축을 입주자 개인에게 떠넘기고 있다는 것이다. 아파트가 단지를 이뤄 요새화하기 전에는 사방으로 골목이 잇닿아 있었다. 사람들은 골목과 거리를 중심으로 막힘없이 자유롭게 흘러다녔다. 하지만 지금 우리의 동선을 보자. 단지를 에워싼 울타리를 잘 벗어나지 않는다. 다른 지역을 갈 일이 있을 때도 다른 아파트 단지를 관통하느니 길을 빙 돌아간다. '외부인 출입금지'라는 푯말이 내걸려 있어 내가 살지 않는 단지를 지나는 게 영 편치 않다.

물론 단지는 생활에 필요한 각종 인프라(놀이시설, 경로시설, 상가, 학교, 병원 등)를 효율적으로 이용할 수 있는 환경이라는 장점이 있다. 단지 안에는 일상생활에 필요한 모든 것이 마련돼 있다. 마트와 병원, 녹지, 도서관, 주차시설이 완벽하다. 신축 아파트 단지는 나날이 진화 중이다. 커뮤니티 센터라고 하여 도서관, 독서실, 사우나, 운동센터 등을 저렴하게 사용할 수 있다. 사정이 이러니 아파트 단지에 사는 게 편한 것은 당연하다.

단지가 이렇게 살기 좋은 이유는 단지에 사는 사람들이 그만큼 돈을 많이 내기 때문이다.

단지로 들어오는 도로와 단지 내부를 잇는 도로, 주차장, 관리사무소, 조경시설, 수해방지시설, 안내표지판과 보안등, 통신시설과 가스공급시설 뿐만 아니라 비상급수시설과 난방설비, 전기설비와 소방설비, 공동수신설비, 급배수설비 등(이상 부대시설)과 어린이놀이터, 근린생활시설, 유치원, 주민운동시설, 경로당, 주민공동시설, 보육시설과 문고 등(이상 복리시설)에 대한 설치기준이 법률로 정해져 있고, 모두 입주자 부담이다. 법률이라는 절대적 공권력은 입주자의 부담으로 기반시설을 확보할 것을 강제한다. _《아파트: 공적 냉소와 사적 정열이 지배하는 사회》

이 상황을 쉽게 이해하기 위해 단지 이외 지역에 경로당을 짓는 경우를 상상해보자. 동네에 경로당이 필요하다면 그 경로당은 해당 지자체의 예산으로 만들고 관리할 것이다. 그런데 아파트 단지의 경우에는 입주자 스스로 경로당 터를 마련하고 건물을 지을 뿐만 아니라 유지 관리 비용도 부담한다. 국가는 국민의 쾌적한 주거에 대한 욕구를 입주자에게 떠넘겼고 입주자는 그 대가로 부동산 가치 증식이라는 자산 증식을 덤으로 넘겨받았다.

공공 인프라 구축이라는 국가의 임무를 이렇게 입주민에게 부담시켰으니 아파트 단지 주민들이 자기 돈 들여 만든 편의시설이나 공간을 외부인이 사용하지 못하게 하는 게 한편으로 이해가 된다.

4차시

독일 기자 위르겐 힌츠페터, 5 · 18 광주를 세계에 알리다

역사는 우리 사회가 겪은 지나간 과거의 일이다.

하지만 어떤 과거는 현재의 우리 삶에도 큰 영향을 미친다.

현대사의 가장 비극적인 역사 5 · 18 광주를 세계에 알린

독일 기자 위르겐 힌츠페터에 대해 알아보자.

1979년 10월 26일부터 1980년 5 · 18까지, 한국 현대사 용광로처럼 끓었다

●1979년 10 · 26 사건, 18년 박정희 장기집권의 종식

1979년 10월 26일 박정희 대통령이 최측근 김재규에 의해 살해된다. 박정희 전 대통령은 1961년 군사 쿠데타로 정권을 잡았고, 이후 18년 동안 집권을 유지하기 위해 갖가지 비민주적 편법을 썼다. 1971년 선거에서 간신히 이기자 대통령 직선제를 간선제로 바꾸는 것을 골자로 한 10월 유신을 단행하였으며, 언론을 통제하고 긴급조치를 발동, 개인의 자유를 억누르고 인권을 유린하는 등 강압적인 독재정치를 펼쳤다.

국민은 유신 독재에 끊임없이 항거했다. 이에 정권 내부의 강경파와 온건파가 대립하면서 10 · 26 사건이 터진 것. 암살 사건으로 박정희 군사정권이 막을 내리자 '민주화의 봄'에 대한 국민의 열망이 부풀어 올랐다.

●1979년 12 · 12 사건, 다시 군사 쿠데타가 일어나다

그러나 상황은 국민의 기대와 다르게 흘러갔다. 12월 12일에 전두환 보안사령관을 중심으로 군부가 쿠데타를 일으켜 실권을 장악한 것. 이에 전국적으로 민주화를 요구하는 시위가 일어났다. 1980년 4월 강원도 사북 탄광노동자들의 시위부터 1980년 5월 15일 서울역에는 10만 명에 가까운 대학생과 시민이 모여 민주주의를 외쳤다. 이에 위기를 느낀 전두환 세력은 5월 17일 24시를 기해 비상계엄을 제주도까지 확대하고, 김대중을 비롯한 전국의 야당 정치인, 종교인, 언론인, 교수, 학생 등 체제에 반대하는 인물들을 모두 체포했다. 계엄군은 국회의사당을 점령하고 전국 대학교에 휴교령을 내렸다.

계엄령 : 국가의 일상적인 치안 유지와 사법권 유지가 불가하다고 판단될 경우 대통령과 같은 국가 원수 또는 행정부 수반이 입법부의 동의 아래 군대를 동원해 치안 및 사법권을 유지하는 조치. 독재 정권이 반대자를 탄압하는 데 이용하거나 정통성을 부여받지 못한 권력 집단이 권력을 유지하는 방편으로 삼는 등 부정하게 사용되기도 한다. 출처_위키백과주자들을 모아 재임대하면서 수익을 얻는다. 코로나로 기업들이 회사 출근 대신 재택근무를 늘리면서 타격을 받고 있다.

● 1980년 5 · 18, 광주를 피로 물들이다

1980년 5월의 광주는 이러한 사회 분위기의 연장선상에 있었다. 전 씨가 5월 17일 **계엄령**을 선포하고 각 대학에 군인을 투입, 학생들의 등교를 막자 5월 18일 광주에서는 전남대 학생들이 주축이 돼 '계엄령 철폐' '휴교령 철폐'를 외치며 민주화 시위를 벌였다. 계엄군이 이들에게 무차별 폭행을 가하자 학생들을 보호하기 위해 시민들도 시위대에 가담했다.

이에 5월 19일 계엄군 공수부대원 약 1,000여 명이 증원돼 광주시민을 향해 잔인한 폭력을 서슴지 않았다. 붙잡은 시민들을 속옷만 입힌 채 구타하는가 하면, 나중에는 총칼로 무장한 군인들이 시위대를 향해 총을 쏘았다.

공식적으로 밝혀진 바에 의하면 계엄군에 의한 5 · 18 사망자는 163명, 부상 후유증으로 사망한 이가 101명, 행방을 알 수 없는 사람이 166명, 부상자가 3,139명이다. 하지만 실제 얼마나 많은 사람이 희생당했는지 아직 진상이 다 밝혀지지 않았다. 전 씨는 이 모든 국가폭력을 진두지휘했다.

1972년 10월 유신헌법과 간선제(간접선거)

박정희 전 대통령은 1972년 10월 17일 대통령 특별선언을 발표했는데 이를 10월 유신이라고 부른다. 이에 기반해 같은 해 12월 27일 헌법을 개정했다. 이때의 헌법을 유신헌법이라고 하고, 유신헌법이 발효된 시기를 유신체제라고 부른다.

이 체제에서 대통령은 그야말로 막강한, 위헌적 권한을 갖게 됐다. 국회의원 3분의 1과 법관을 임명할 수 있게 됐고, 긴급조치권 및 국회해산권을 가지며, 임기 6년에 횟수의 제한 없이 연임할 수 있었다. 또 직접 선거제가 통일주체국민회의의 간선제로 바뀌었다. 유신체제는 대통령이 행정 · 입법 · 사법의 3권을 모두 쥐고 종신 집권할 수 있도록 설계된 제왕적 대통령제였다.

독일 기자 위르겐 힌츠페터,
5 · 18 광주를 세계에 알리다

2017년 개봉한 〈택시운전사〉라는 영화가 있어. 5 · 18 광주민주화운동에 대해 다룬 영화야. 5 · 18 광주민주화운동은 우리나라 민주주의 역사에서 큰 산맥이나 다름없어.

1979년 박정희 대통령 서거 후, 전두환과 노태우 등 신군부가 군사 반란 일으켜

1980년 5월의 광주를 이해하려면 먼저 박정희 정권에 대한 얘기부터 해야 해. 박정희 대통령은 경제를 부흥한 주역으로 높은 평가를 받지만, 한국 민주주의를 억압한 사람이라는 비판도 받고 있어. 지금이야 대통령을 직접 우리 손으로 뽑지만 박정희 정권 시절에는 국민이 직접 대통령을 선출하는 방식이 아니었어. 국민의 대표선수들을 뽑고, 그들이 대통령을 선출하는 방식이었지. 한편 박정희 정권은 무려 18년 동안 집권했는데, 그는 장기 집권을 위해 헌법을 개정하고(유신헌법), 정권에 반대하는 사람들을 감옥에 넣고, 노동운동권을 비롯한 민주적인 세력들을 갖가지 트집을 잡아 잔인하게 탄압했어.

그의 마지막은 너무나 극적이야. 1979년 10월 26일, 부하의 손에 죽임을 당했어. 10.26 사건이라고 불러. 아주 충격적인 사건이었지. 박정희 대통령이 죽고 나자 민주주의의 열망이 전국적으로 일기 시작했어. 전국의 대학가는 물론 사회 곳곳에서 민주화에 대한 요구가 거셌어.

원래 대통령이 죽으면 국무총리가 권한대행을 하게 되는데, 이 혼란한 틈에 권력을 장악한 사람들이 있었어. 전두환, 노태우로 대표되는 신군부 세력이 12.12 군사 반란을 일으켜 정권을 잡은 거지. 국민들은 어떤 심정이었어. 18년 동안 군사정권 아래 있었는데, 또다시 군부가 권력을 장악해버렸으니.

이들 신군부는 5월 17일 비상계엄을 선언해. 비상계엄은 대통령이 전쟁 같은 국가비상사태에 사회질서를 바로잡기 위해 내리는 일련의 강압적 조치들을 말해. 이들은 주요 정치인과 재야인사들을 감금했고, 국회를 봉쇄했고, 정치활동 금지령 · 휴교령 · 언론보도 검열 강화 같은 조치를 내놓았어. 더불어 군을 사전에 이동 배치해놓고, 신군부에 반대할 경우 무력으로 진압할 준비를 마쳤어.

1980년 5월 18일, 광주에서는 어떤 일이 일어났나

신군부는 비상계엄 조치를 발동하고 강경 진압을 하면 민주화 열기를 잠재울 수 있다고 판단했어. 하지만 대학가에서는 비상계엄이 떨어져도 학교 앞에 모이기로 했어. 5월 18일, 전남대, 전북대 등 광주지역 대학생들은 '김대중 석방, 전두환 퇴진, 비상계엄 해제' 등을 요구하며 시위를 벌였어. 이미 광주에는 공수부대원이 투입돼 있었고, 무슨 이유인지 모르게 유독 계엄군의 진압이 살기를 띠었어. 시위에 가담하지 않은 무고한 시민들까지 살상, 폭행을 일삼자 계엄군의 만행에 분노한 광주 시민들이 들고 일어났어. 광주공용터미널에서는 청각장애인 하나가 계엄군에 두들겨 맞고 병원에 입원했다가 이튿날 사망을 하는 일도 생겼어.

이날 저녁부터 광주는 밤 9시 이후에는 사람들이 다닐 수 없다는 통행금지 조치도 내려졌어. 19일에는 계엄군인 공수부대원 약 1,000여 명이 증원됐고, 이들은 3~4명씩 한 조가 되어 광주의 골목골목을 누비며 상대가 누구인지 가리지 않고 무차별 폭행을 가했어. 심지어 총에 부착한 칼로 시위대를 찌르기도 하고, 고등학생 한 명이 총상을 입기도 했어. 눈앞에서 죄 없는 청년과 학생들이 죽어가자 시민들까지 시위에 가세했고, 계엄군은 상상도 할 수 없는 대응을 했어. 시민들을 향해 집단 사격을 가한 거야. 수많은 시민들이 도로 위에서 쓰러져갔어. 바닥에 몸을 뉘지도 못하고 바리케이드에 걸려 있던 주검들을 진압군들이 끌고 트럭에 싣고 가버렸어.

[A] 하지만 이러한 광주의 상황을 아무도 몰랐어. 신군부 세력이 철저한 언론통제 전략을 썼기 때문이야. ⓐTV 뉴스와 신문에서는 폭도들이 광주를 점령해 아비규환이 되었다고 보도했어. 시외전화를 끊어서 다른 지역에서는 전화 통화도 할 수 없었고, 광주를 들어가거나 나올 때도 군부의 검문을 거쳐야 했어. 그래서 사람들은 '광주에서 시위를 심하게 하고 있구나' 하는 정도로만 알고 있었어. 5월 18일 이후 10일 동안, 사망 166명, 행방불명자 54명, 상이 후유증 사망자 376명, 부상자 3,139명 등으로 피해자가 집계되었지만, 실제적인 피해는 숫자로 말할 수 없을 만큼 끔찍했어.

영화 〈택시운전사〉와 독일 기자 힌츠페터

[B] 한 도시에서 진압군에 의해 시민들이 죽어가는데 밖에서는 아무도 어떤 일이 벌어지고 있는지 모른다니, 지금으로서는 상상하기도 어려운 일이지. 광주의 상황을 알리기 위해 종교계나 시민단체는 위험을 무릅쓰고 애를 썼지만 쉽지 않았어. 독일 기자 위르겐 힌츠페터를 비롯한 몇몇 사람들의 노력으로 조금씩 진실이 알려지기는 했지만, 정부와 언론은 모두 유언비어라고 하면서 유포하는 자들을 체포하겠다고 겁을 줬어. 화가 난 광주 시민들이 방송국을 불태우기도 했지만, 이것 또한 불순분자의 소행이라고 꾸며댔어.

영화 〈택시운전사〉는 당시의 광주를 생생하게 그리고 있어. 이야기의 중심축은 80년 5월, 외국인 기자를 손님으로 태우고 서울에서 광주로 내려간 택시운전사 이야기야. 이 영화는 독일 기자 힌츠페터가 실제로 겪었던 일을 바탕으로 하고 있어. 힌츠페터는 2003년 송건호 언론상을 수상하면서 다음과 같이 말했어. "80년 5월 광주까지 나를 태워주고 안내해

준 용감한 택시 기사가 있다. 그에게 감사한다"고. 영화제작진은 이 말에 영감을 얻어 〈택시운전사〉를 구상하게 됐다고 해.

당시 독일 제1공영방송 소속인 카메라 기자 힌츠페터는 일본 특파원으로 활동하고 있었는데, 이웃 나라 한국에 계엄령이 선포됐다는 소식을 듣고 광주를 찾았어. 광주에서 계엄군이 저지른 참상을 목격한 그는 현장을 촬영해 도쿄로 돌아가 독일 방송국에 영상을 보냈어. 그는 앞서 밝힌 수상 소감에서 "오로지 내 눈으로 진실을 보고 전하려는 생각뿐이었으며, 모두 10개의 광주 필름을 쿠키 깡통처럼 포장해 함부르크 뉴스센터로 보냈다. 현상된 필름의 마지막 1cm까지도 버리지 않으려 애썼다"고 말했어.

시위를 벌이는 광주 시민과 그들을 향해 총부리를 겨누는 계엄군. 독일 방송에서 힌츠페터의 광주 영상을 내보내자 유럽 전역으로 퍼져나갔고, 전 세계에 광주의 비극이 전해졌지. 하지만 국내 상황은 달랐어. 이후 전두환은 대통령으로 취임했고, 광주의 진실을 알리는 일은 오랫동안 금기시되었어.

한편 1980년 9월 야당 지도자였던 김대중이 내란 음모 혐의로 사형을 선고받았어. 그러자 힌츠페터는 다시 〈기로에 선 한국〉이란 다큐멘터리를 제작했어. 이 작품 역시 국제사회에 한국의 진실을 알리는 데 큰 역할을 했어. 국제사회는 전두환 정권의 비민주적 행위에 압박을 가했고, 결국 김대중에 대한 사형선고는 철회됐어. 그가 만든 이 영상은 〈광주민주항쟁의 진실〉이라는 제목으로 80년대 중반 무렵 전국의 성당과 대학가 등에서 비밀리에 상영되었어. 광주 거리 한복판에 계엄군의 탱크가 등장하고, 시민들을 무자비하게 폭행하는 모습을 보면서 사람들은 경악했지. 이 영상은 1987년 6월항쟁의 기폭제 구실을 했다는 평가를 받고 있어.

'푸른 눈의 목격자' 위르겐 힌츠페터는 2016년 1월 25일, 독일에서 삶을 마감했어. 그는 생전에 광주 망월동 묘지에 묻히고 싶다는 뜻을 밝혔어. 같은 해 5월 16일, 그가 바란 대로 손톱과 머리카락 등 신체 일부가 담긴 추모 비석이 5·18 망월동 구묘지에 세워졌어.

다음의 질문에 답하며 내용을 파악해보세요.

(1) 다음 중 박정희 정권에 대한 설명으로 올바르지 않은 것을 고르세요. (   )

　① 박정희 정권은 국민이 직접 대통령을 선출하는 방식을 택했다.

　② 박정희 대통령은 경제를 부흥한 주역으로 높이 평가된다.

　③ 박 정권의 집권은 18년 동안 지속되었다.

　④ 그는 장기 집권을 위해 헌법을 개정하기도 했다.

※ 다음 빈칸에 알맞은 단어를 〈보기〉에서 찾아 적어보세요. [2~4]

〈보기〉 비상계엄 민주주의 국무총리 김대중 군사 전두환

(2) 박정희 사후 (　　　　)에 대한 열망이 전국적으로 일기 시작했다.

(3) 대통령이 죽으면 (　　　　)가 권한대행을 하지만, 혼란한 틈에 전두환, 노태우로 대
표되는 신군부 세력이 (　　　　)반란을 일으켰다.

(4) 5월 18일, 대학생들은 '(　　　) 석방, (　　　) 퇴진, (　　　) 해제' 등을 요구
하며 시위를 벌였다.

(5) 대통령이 전쟁과 같은 국가비상사태에 사회질서를 바로잡기 위해 취하는 강압적 조치를 무엇이라고 하나요?

- -

- -

(6) 다음 중 비상계엄에 해당하지 않는 내용을 고르세요. (　　)

① 주요 정치인과 재야인사 감금

② 대통령의 국외 방출

③ 국회 봉쇄, 정치활동 금지령, 휴교령

④ 언론보도 검열

(7) 1980년 5월 18일의 광주 상황을 아무도 알 수 없었던 이유는 무엇인가요?

- -

- -

- -

- -

- -

(8) '여러 사람이 비참한 지경에 빠져 울부짖는 참상'을 비유적으로 이르는 4음절의 단어를 [A]에서 찾아 적어보세요.

----

(9) 밑줄 친 ⓐ처럼 '아무 근거 없이 널리 퍼진 소문'을 뜻하는 4음절의 단어를 [B]에서 찾아 적어보세요.

----

memo

도전, 짧은 글쓰기!

광주항쟁과 힌츠페터의 보도활동을 중심으로 언론의 역할에 대해 말해보세요.

든든하게
어휘다지기

다음 빈칸에 알맞은 말을 〈보기〉에서 찾아 적어봅시다.

| 보기 | 부흥 | 장악 | 재야 | 발동 | 강경 | 계엄 | 만행 | 철회 |

(1) 그는 한마디로 (　　　　)에 묻힌 학자였고, 향토 학교의 교사였고, 농민이었다.

(2) 그들은 온건 정책에 맞서 (　　　　) 노선을 내세웠다.

(3) 국가 긴급권은 대통령의 긴급 조치권, (　　　　) 선포권 따위를 말한다.

(4) 그녀는 몰락한 가문의 (　　　　)을 위해 최선을 다하였다.

(5) 그들의 (　　　　)은 양민까지도 잔인하게 학살하는 데 이르렀다.

(6) 국가의 긴급한 상황에서는 국가 긴급권의 (　　　　)을 통해 위기를 극복하기도 한다.

(7) 이번 쿠데타로 신흥 군벌이 정권을 (　　　　)했다.

(8) 회사 쪽이 직장 폐쇄를 결정하자 노조는 이의 (　　　　)를 요구하며 농성을 벌였다.

위에서 익힌 어휘 중 3개를 골라서 한 문장씩 만들어 봅시다.

(1)

(2)

(3)

〈구해줘, 글쓰기〉, 어떻게 사용하나요?

학생들은…
STEP1 '야무지게 읽기'에 실린 제시문을 읽습니다.
STEP2 '냉철하게 분석하기'의 질문에 답합니다.
제시문 내용을 확인하는 질문입니다.
답을 하다 보면 정확한 독해 능력이 길러질 거예요.
STEP3 '거침없이 쓰기'에서 짧은 글쓰기를 해봅니다.
위에서 써 본 답을 토대로 하면 500자 글쓰기를 술술~~

선생님·학부모는…
▶ www.ezpen.co.kr에서 답안지를 다운받을 수 있습니다.
　(상단 메뉴 '커뮤니티–글쓰기 가이드', 비밀번호 : ezpen_academy10)

문의 02-558-1844, 02-322-1848 / ezpen.co.kr@gmail.com

공부방, 학원, 학교 동아리에서 〈구해줘, 글쓰기〉로
글쓰기 수업을 하고자 하는 선생님들은 문의 바랍니다.
단체의 경우 수업지도안을 제공합니다.
문의 02 558 1844 / 02 322 1848